Birds of Island

fotolulu Taschenbuch VIII

Inklusive Checkliste der 403 Vögel auf Island

Impressum

Bibliografische Information der Deutschen Nationalbibliothek:
Die Deutsche Nationalbibliothek verzeichnet diese Publikation in der
Deutschen Nationalbibliografie;
detaillierte bibliografische Daten sind im Internet über www.dnb.de abrufbar.

Herstellung und Verlag:
BoD – Books on Demand, Norderstedt

1 Auflage
© 2017 fotolulu
Fotos & Text: fotolulu • www.fotolulu.de

ISBN: 9783744821056

Island ist nicht nur landschaftlich einzigartig, auch die Vögel haben sich dem rauen Klima angepasst.

Die Papageitaucher werden zurecht auch die Clowns der Meere genannt. Mit ihren fein gezeichneten und farbenfrohen Gesichtern zaubern sie jedem Betrachter ein Lächeln ins Gesicht.

Riesige Skuas, Pracht- und Eistaucher, Alpenschneehühner und Kragenenten gehören enbenso auf die Insel wie Geysire und heiße Quellen.

Das Buch wird ergänzt mit einer kompletten Checkliste der 403 Vogelarten auf Island - deutsch, latein & englisch.

Ihr fotolulu

Bachstelze (Motacilla alba)

Baßtölpel (Morus bassanus)

Bergente (Aythya marila)

Brandgans (Tadorna tadorna)

Dickschnabellumme (Uria lomvia)

Dreizehenmöwe (Rissa tridactyla)

Eiderente (Somateria mollissima)

Eisente (Clangula hyemalis)

Eismöwe (Larus hyperboreus)

Eissturmvogel (Fulmarus glacialis)

Eistaucher (Gavia immer)

Europäische Pfeifente (Anas penelope)

Felsentaube (Columba livia livia)

Gänsesäger (Mergus merganser)

Goldregenpfeifer (Pluvialis apricaria)

Graugans (Anser anser)

Grönland Stockente (Anas platyrhynchos conboschas)

Grönland-Ringelgans (Branta bernicla hrota)

Grönland-Sandregenpfeifer (Charadrius hiaticula psammodroma)

Grönlandseeadler (Haliaeetus albicilla groenlandicus)

Heringsmöwe (Larus fuscus)

Iceland-Kolkrabe (Corvus corax varius)

Isländische Uferschnepfe (Limosa limosa islandica)

Island-Austernfischer (Haematopus ostralegus malacophaga)

Island-Grylleiste (Cepphus grylle islandicus)

Island-Rotdrossel (Turdus iliacus cobumi)

Island-Schneeammer (Plectrophenax nivalis insulae)

Island-Steinschmätzer (Oenanthe oenanthe leucorhoa)

Island-Tordalk (Alca torda islandica)

Islandbekassine (Gallinago gallinago faeroeensis)

Isländischer Birkenzeisig (Acanthis flammea rostrata)

Islandmerlin (Falco columbarius subaesalon)

Islandrotschenkel (Tringa totanus robusta)

Islandschneehuhn (Lagopus muta islandorum)

Islandsingschwan (Cygnus cygnus islandicus)

Islandzaunkönig (Troglodytes troglodytes islandicus)

Kormoran (Phalacrocorax carbo)

Krähenscharbe (Phalacrocorax aristotelis)

Kragenente (Histrionicus histrionicus)

Krickente (Anas crecca)

Küstenseeschwalbe (Sterna paradisaea)

Kurzschnabelgans (Anser fabalis brachyrhynchus)

Mantelmöwe (Larus marinus)

Meerstrandläufer (Calidris maritima)

Mittelsäger (Mergus serrator)

Nonnengans (Branta leucopsis)

Odinshühnchen (Phalaropus lobatus)

Ohrentaucher (Podiceps auritus)

Papageitaucher (Fratercula arctica)

Polarmöwe (Larus glaucoides)

Rauchschwalbe (Hirundo rustica)

Regenbrachvogel (Numenius phaeopus)

Reiherente (Aythya fuligula)

Ringschnabelmöwe (Larus delawarensis)

Schellente (Bucephala clangula)

Schinzis Alpenstrandläufer (Calidris alpina schinzii)

Schmarotzerraubmöwe (Stercorarius parasiticus)

Schnatterente (Anas strepera)

Schwarzschnabel-Sturmtaucher (Puffinus puffinus)

Shetlansstar (Sturnus vulgaris zetlandicus)

Silbermöwe (Larus argentatus)

Skua (Catharacta skua)

Spatelente (Bucephala islandica)

Spießente (Anas acuta)

Steinwälzer (Arenaria interpres)

Sterntaucher (Gavia stellata)

Strandpieper (Anthus spinoletta petrosus)

Sturmmöwe (Larus canus)

Trauerente (Melanitta nigra)

Trottellumme (Uria aalge)

Wiesenpieper (Anthus pratensis)

Checkliste

Land oder Region: Island
Anzahl von Spezies : 403
Anzahl von Endemischen : 9

Anatidae

Tundrasaatgans	Anser serrirostris	Tundra Bean-Goose
Kurzschnabelgans	Anser brachyrhynchus	Pink-footed Goose
Bläßgans	Anser albifrons	Greater White-fronted Goose
Graugans	Anser anser	Graylag Goose
Schneegans	Chen caerulescens	Snow Goose
Zwergschneegans	Chen rossii	Ross's Goose
Ringelgans	Branta bernicla	Brant
Weißwangengans	Branta leucopsis	Barnacle Goose
Zwergkanadagans	Branta hutchinsii	Cackling Goose
Kanadagans	Branta canadensis	Canada Goose
Rothalsgans	Branta ruficollis	Red-breasted Goose
Höckerschwan	Cygnus olor	Mute Swan
Zwergschwan	Cygnus columbianus	Tundra Swan
Singschwan	Cygnus cygnus	Whooper Swan
Rostgans	Tadorna ferruginea	Ruddy Shelduck
Brandgans	Tadorna tadorna	Common Shelduck
Brautente	Aix sponsa	Wood Duck
Mandarinente	Aix galericulata	Mandarin Duck
Schnatterente	Anas strepera	Gadwall
Pfeifente	Anas penelope	Eurasian Wigeon
Kanadapfeifente	Anas americana	American Wigeon
Dunkelente	Anas rubripes	American Black Duck
Stockente	Anas platyrhynchos	Mallard
Blauflügelente	Anas discors	Blue-winged Teal
Löffelente	Anas clypeata	Northern Shoveler
Spießente	Anas acuta	Northern Pintail
Knäkente	Anas querquedula	Garganey
Krickente	Anas crecca	Green-winged Teal
Riesentafelente	Aythya valisineria	Canvasback
Rotkopfente	Aythya americana	Redhead
Tafelente	Aythya ferina	Common Pochard
Ringschnabelente	Aythya collaris	Ring-necked Duck
Moorente	Aythya nyroca	Ferruginous Duck
Reiherente	Aythya fuligula	Tufted Duck
Bergente	Aythya marila	Greater Scaup
Kanadabergente	Aythya affinis	Lesser Scaup

Scheckente	Polysticta stelleri	Steller's Eider
Prachteiderente	Somateria spectabilis	King Eider
Eiderente	Somateria mollissima	Common Eider
Kragenente	Histrionicus histrionicus	Harlequin Duck
Brillenente	Melanitta perspicillata	Surf Scoter
Samtente	Melanitta fusca	White-winged Scoter
Trauerente	Melanitta nigra	Common Scoter
Pazifiktrauerente	Melanitta americana	Black Scoter
Eisente	Clangula hyemalis	Long-tailed Duck
Büffelkopfente	Bucephala albeola	Bufflehead
Schellente	Bucephala clangula	Common Goldeneye
Spatelente	Bucephala islandica	Barrow's Goldeneye
Zwergsäger	Mergellus albellus	Smew
Kappensäger	Lophodytes cucullatus	Hooded Merganser
Gänsesäger	Mergus merganser	Common Merganser
Mittelsäger	Mergus serrator	Red-breasted Merganser
Schwarzkopf-Ruderente	Oxyura jamaicensis	Ruddy Duck

Phasianidae

Wachtel	Coturnix coturnix	Common Quail
Alpenschneehuhn	Lagopus muta	Rock Ptarmigan

Gaviidae

Sterntaucher	Gavia stellata	Red-throated Loon
Prachttaucher	Gavia arctica	Arctic Loon
Eistaucher	Gavia immer	Common Loon
Gelbschnabeltaucher	Gavia adamsii	Yellow-billed Loon

Podicipedidae

Zwergtaucher	Tachybaptus ruficollis	Little Grebe
Bindentaucher	Podilymbus podiceps	Pied-billed Grebe
Ohrentaucher	Podiceps auritus	Horned Grebe
Rothalstaucher	Podiceps grisegena	Red-necked Grebe
Haubentaucher	Podiceps cristatus	Great Crested Grebe

Diomedeidae

Gelbnasenalbatros	Thalassarche chlororhynchos	Yellow-nosed Albatross
Schwarzbrauenalbatros	Thalassarche melanophris	Black-browed Albatross

Procellariidae

Eissturmvogel	Fulmarus glacialis	Northern Fulmar

Großer Sturmtaucher	Ardenna gravis	Great Shearwater
Dunkler Sturmtaucher	Ardenna grisea	Sooty Shearwater
Atlantiksturmtaucher	Puffinus puffinus	Manx Shearwater

Hydrobatidae

Buntfuß-Sturmschwalbe	Oceanites oceanicus	Wilson's Storm-Petrel
Sturmschwalbe	Hydrobates pelagicus	European Storm-Petrel
Wellenläufer	Oceanodroma leucorhoa	Leach's Storm-Petrel

Ciconiidae

Schwarzstorch	Ciconia nigra	Black Stork
Weißstorch	Ciconia ciconia	White Stork

Sulidae

Basstölpel	Morus bassanus	Northern Gannet

Phalacrocoracidae

Kormoran	Phalacrocorax carbo	Great Cormorant
Krähenscharbe	Phalacrocorax aristotelis	European Shag

Ardeidae

Nordamerikanische Rohrdommel	Botaurus lentiginosus	American Bittern
Rohrdommel	Botaurus stellaris	Great Bittern
Zwergdommel	Ixobrychus minutus	Little Bittern
Amerikanische Zwergdommel	Ixobrychus exilis	Least Bittern
Kanadareiher	Ardea herodias	Great Blue Heron
Graureiher	Ardea cinerea	Gray Heron
Purpurreiher	Ardea purpurea	Purple Heron
Silberreiher	Ardea alba	Great Egret
Seidenreiher	Egretta garzetta	Little Egret
Schmuckreiher	Egretta thula	Snowy Egret
Kuhreiher	Bubulcus ibis	Cattle Egret
Rallenreiher	Ardeola ralloides	Squacco Heron
Grünreiher	Butorides virescens	Green Heron
Mangrovereiher	Butorides striata	Striated Heron
Nachtreiher	Nycticorax nycticorax	Black-crowned Night-Heron

Threskiornithidae

Sichler	Plegadis falcinellus	Glossy Ibis
Löffler	Platalea leucorodia	Eurasian Spoonbill

Pandionidae
Fischadler | Pandion haliaetus | Osprey

Accipitridae
Wespenbussard | Pernis apivorus | European Honey-buzzard
Zwergadler | Hieraaetus pennatus | Booted Eagle
Rohrweihe | Circus aeruginosus | Eurasian Marsh-Harrier
Kornweihe | Circus cyaneus | Northern Harrier
Steppenweihe | Circus macrourus | Pallid Harrier
Wiesenweihe | Circus pygargus | Montagu's Harrier
Sperber | Accipiter nisus | Eurasian Sparrowhawk
Rotmilan | Milvus milvus | Red Kite
Schwarzmilan | Milvus migrans | Black Kite
Seeadler | Haliaeetus albicilla | White-tailed Eagle
Raufußbussard | Buteo lagopus | Rough-legged Hawk
Mäusebussard | Buteo buteo | Common Buzzard

Rallidae
Wachtelkönig | Crex crex | Corn Crake
Wasserralle | Rallus aquaticus | Water Rail
Carolinasumpfhuhn | Porzana carolina | Sora
Tüpfelsumpfhuhn | Porzana porzana | Spotted Crake
Zwergsultanshuhn | Porphyrio martinicus | Purple Gallinule
Teichhuhn | Gallinula chloropus | Eurasian Moorhen
Bläßhuhn | Fulica atra | Eurasian Coot
Amerikanisches Blässhuhn | Fulica americana | American Coot

Gruidae
Kranich | Grus grus | Common Crane

Burhinidae
Triel | Burhinus oedicnemus | Eurasian Thick-knee

Recurvirostridae
Säbelschnäbler | Recurvirostra avosetta | Pied Avocet

Haematopodidae
Austernfischer | Haematopus ostralegus | Eurasian Oystercatcher

Charadriidae
Kiebitzregenpfeifer | Pluvialis squatarola | Black-bellied Plover

Goldregenpfeifer	Pluvialis apricaria	European Golden-Plover
Prärie-Goldregenpfeifer	Pluvialis dominica	American Golden-Plover
Tundra-Goldregenpfeifer	Pluvialis fulva	Pacific Golden-Plover
Kiebitz	Vanellus vanellus	Northern Lapwing
Wüstenregenpfeifer	Charadrius leschenaultii	Greater Sand-Plover
Sandregenpfeifer	Charadrius hiaticula	Common Ringed Plover
Amerikanischer Sandregenpfeifer	Charadrius semipalmatus	Semipalmated Plover
Flußregenpfeifer	Charadrius dubius	Little Ringed Plover
Keilschwanz-Regenpfeifer	Charadrius vociferus	Killdeer
Mornellregenpfeifer	Charadrius morinellus	Eurasian Dotterel

Scolopacidae

Prärieläufer	Bartramia longicauda	Upland Sandpiper
Regenbrachvogel	Numenius phaeopus	Whimbrel
Großer Brachvogel	Numenius arquata	Eurasian Curlew
Uferschnepfe	Limosa limosa	Black-tailed Godwit
Pfuhlschnepfe	Limosa lapponica	Bar-tailed Godwit
Steinwälzer	Arenaria interpres	Ruddy Turnstone
Knutt	Calidris canutus	Red Knot
Kampfläufer	Calidris pugnax	Ruff
Sumpfläufer	Calidris falcinellus	Broad-billed Sandpiper
Bindenstrandläufer	Calidris himantopus	Stilt Sandpiper
Sichelstrandläufer	Calidris ferruginea	Curlew Sandpiper
Temminckstrandläufer	Calidris temminckii	Temminck's Stint
Rotkehl-Strandläufer	Calidris ruficollis	Red-necked Stint
Sanderling	Calidris alba	Sanderling
Alpenstrandläufer	Calidris alpina	Dunlin
Meerstrandläufer	Calidris maritima	Purple Sandpiper
Bairdstrandläufer	Calidris bairdii	Baird's Sandpiper
Zwergstrandläufer	Calidris minuta	Little Stint
Wiesenstrandläufer	Calidris minutilla	Least Sandpiper
Weißbürzel-Strandläufer	Calidris fuscicollis	White-rumped Sandpiper
Grasläufer	Calidris subruficollis	Buff-breasted Sandpiper
Graubrust-Strandläufer	Calidris melanotos	Pectoral Sandpiper
Sandstrandläufer	Calidris pusilla	Semipalmated Sandpiper
Bergstrandläufer	Calidris mauri	Western Sandpiper
Kleiner Schlammläufer	Limnodromus griseus	Short-billed Dowitcher
Großer Schlammläufer	Limnodromus scolopaceus	Long-billed Dowitcher
Zwergschnepfe	Lymnocryptes minimus	Jack Snipe
Wilsonbekassine	Gallinago delicata	Wilson's Snipe
Bekassine	Gallinago gallinago	Common Snipe

Waldschnepfe	Scolopax rusticola	Eurasian Woodcock
Wilsonwassertreter	Phalaropus tricolor	Wilson's Phalarope
Odinshühnchen	Phalaropus lobatus	Red-necked Phalarope
Thorshühnchen	Phalaropus fulicarius	Red Phalarope
Flußuferläufer	Actitis hypoleucos	Common Sandpiper
Drosseluferläufer	Actitis macularius	Spotted Sandpiper
Waldwasserläufer	Tringa ochropus	Green Sandpiper
Einsamer Wasserläufer	Tringa solitaria	Solitary Sandpiper
Dunkler Wasserläufer	Tringa erythropus	Spotted Redshank
Großer Gelbschenkel	Tringa melanoleuca	Greater Yellowlegs
Grünschenkel	Tringa nebularia	Common Greenshank
Kleiner Gelbschenkel	Tringa flavipes	Lesser Yellowlegs
Bruchwasserläufer	Tringa glareola	Wood Sandpiper
Rotschenkel	Tringa totanus	Common Redshank

Glareolidae

| Rotflügel-Brachschwalbe | Glareola pratincola | Collared Pratincole |
| Schwarzflügel-Brachschwalbe | Glareola nordmanni | Black-winged Pratincole |

Stercorariidae

Skua	Stercorarius skua	Great Skua
Spatelraubmöwe	Stercorarius pomarinus	Pomarine Jaeger
Schmarotzerraubmöwe	Stercorarius parasiticus	Parasitic Jaeger
Falkenraubmöwe	Stercorarius longicaudus	Long-tailed Jaeger

Alcidae

Krabbentaucher	Alle alle	Dovekie
Trottellumme	Uria aalge	Common Murre
Dickschnabellumme	Uria lomvia	Thick-billed Murre
Tordalk	Alca torda	Razorbill
Riesenalk	Pinguinus impennis	Great Auk
Gryllteiste	Cepphus grylle	Black Guillemot
Schopfalk	Aethia cristatella	Crested Auklet
Papageitaucher	Fratercula arctica	Atlantic Puffin

Laridae

Dreizehenmöwe	Rissa tridactyla	Black-legged Kittiwake
Elfenbeinmöwe	Pagophila eburnea	Ivory Gull
Schwalbenmöwe	Xema sabini	Sabine's Gull
Bonapartemöwe	Chroicocephalus philadelphia	Bonaparte's Gull
Lachmöwe	Chroicocephalus ridibundus	Black-headed Gull

Zwergmöwe	Hydrocoloeus minutus	Little Gull
Rosenmöwe	Rhodostethia rosea	Ross's Gull
Aztekenmöwe	Leucophaeus atricilla	Laughing Gull
Präriemöwe	Leucophaeus pipixcan	Franklin's Gull
Schwarzkopfmöwe	Ichthyaetus melanocephalus	Mediterranean Gull
Sturmmöwe	Larus canus	Mew Gull
Ringschnabelmöwe	Larus delawarensis	Ring-billed Gull
Silbermöwe	Larus argentatus	Herring Gull
Mittelmeermöwe	Larus michahellis	Yellow-legged Gull
Thayermöwe	Larus thayeri	Thayer's Gull
Polarmöwe	Larus glaucoides	Iceland Gull
Heringsmöwe	Larus fuscus	Lesser Black-backed Gull
Kamtschatkamöwe	Larus schistisagus	Slaty-backed Gull
Beringmöwe	Larus glaucescens	Glaucous-winged Gull
Eismöwe	Larus hyperboreus	Glaucous Gull
Mantelmöwe	Larus marinus	Great Black-backed Gull
Rußseeschwalbe	Onychoprion fuscatus	Sooty Tern
Zwergseeschwalbe	Sternula albifrons	Little Tern
Lachseeschwalbe	Gelochelidon nilotica	Gull-billed Tern
Trauerseeschwalbe	Chlidonias niger	Black Tern
Weißflügel-Seeschwalbe	Chlidonias leucopterus	White-winged Tern
Weißbart-Seeschwalbe	Chlidonias hybrida	Whiskered Tern
Rosenseeschwalbe	Sterna dougallii	Roseate Tern
Flußseeschwalbe	Sterna hirundo	Common Tern
Küstenseeschwalbe	Sterna paradisaea	Arctic Tern
Forsterseeschwalbe	Sterna forsteri	Forster's Tern
Brandseeschwalbe	Thalasseus sandvicensis	Sandwich Tern

Columbidae

Felsentaube	Columba livia	Rock Pigeon
Hohltaube	Columba oenas	Stock Dove
Ringeltaube	Columba palumbus	Common Wood-Pigeon
Turteltaube	Streptopelia turtur	European Turtle-Dove
Türkentaube	Streptopelia decaocto	Eurasian Collared-Dove
Carolinataube	Zenaida macroura	Mourning Dove

Cuculidae

Gelbschnabelkuckuck	Coccyzus americanus	Yellow-billed Cuckoo
Schwarzschnabelkuckuck	Coccyzus erythropthalmus	Black-billed Cuckoo
Kuckuck	Cuculus canorus	Common Cuckoo

Strigidae

Zwergohreule	Otus scops	European Scops-Owl
Schneeeule	Bubo scandiacus	Snowy Owl
Waldohreule	Asio otus	Long-eared Owl
Sumpfohreule	Asio flammeus	Short-eared Owl

Caprimulgidae

Falkennachtschwalbe	Chordeiles minor	Common Nighthawk
Ziegenmelker	Caprimulgus europaeus	Eurasian Nightjar

Apodidae

Stachelschwanzsegler	Hirundapus caudacutus	White-throated Needletail
Alpensegler	Apus melba	Alpine Swift
Mauersegler	Apus apus	Common Swift

Upupidae

Wiedehopf	Upupa epops	Eurasian Hoopoe

Alcedinidae

Gürtelfischer	Megaceryle alcyon	Belted Kingfisher

Meropidae

Bienenfresser	Merops apiaster	European Bee-eater

Coraciidae

Blauracke	Coracias garrulus	European Roller

Picidae

Wendehals	Jynx torquilla	Eurasian Wryneck
Gelbbauch-Saftlecker	Sphyrapicus varius	Yellow-bellied Sapsucker
Buntspecht	Dendrocopos major	Great Spotted Woodpecker

Falconidae

Turmfalke	Falco tinnunculus	Eurasian Kestrel
Rotfußfalke	Falco vespertinus	Red-footed Falcon
Merlin	Falco columbarius	Merlin
Baumfalke	Falco subbuteo	Eurasian Hobby
Gerfalke	Falco rusticolus	Gyrfalcon
Wanderfalke	Falco peregrinus	Peregrine Falcon

Tyrannidae

Buchenschnäppertyrann	Empidonax virescens	Acadian Flycatcher
Erlenschnäppertyrann	Empidonax alnorum	Alder Flycatcher
Zwergschnäppertyrann	Empidonax minimus	Least Flycatcher

Laniidae

Neuntöter	Lanius collurio	Red-backed Shrike
Neuntöter-phoenicuroides	Lanius phoenicuroides	Red-tailed Shrike
Isabellwürger	Lanius isabellinus	Isabelline Shrike
Raubwürger	Lanius excubitor	Northern Shrike
Rotkopfwürger	Lanius senator	Woodchat Shrike

Vireonidae

Rotaugenvireo	Vireo olivaceus	Red-eyed Vireo

Oriolidae

Pirol	Oriolus oriolus	Eurasian Golden Oriole

Corvidae

Dohle	Corvus monedula	Eurasian Jackdaw
Saatkrähe	Corvus frugilegus	Rook
Nebelkrähe	Corvus cornix	Hooded Crow
Kolkrabe	Corvus corax	Common Raven

Alaudidae

Ohrenlerche	Eremophila alpestris	Horned Lark
Kurzzehenlerche	Calandrella brachydactyla	Greater Short-toed Lark
Feldlerche	Alauda arvensis	Eurasian Skylark

Hirundinidae

Sumpfschwalbe	Tachycineta bicolor	Tree Swallow
Uferschwalbe	Riparia riparia	Bank Swallow
Rauchschwalbe	Hirundo rustica	Barn Swallow
Rötelschwalbe	Cecropis daurica	Red-rumped Swallow
Fahlstirnschwalbe	Petrochelidon pyrrhonota	Cliff Swallow
Mehlschwalbe	Delichon urbicum	Common House-Martin

Paridae

Kohlmeise	Parus major	Great Tit

Sittidae
Kanadakleiber | Sitta canadensis | Red-breasted Nuthatch

Troglodytidae
Zaunkönig | Troglodytes troglodytes | Eurasian Wren

Regulidae
Rubingoldhähnchen | Regulus calendula | Ruby-crowned Kinglet
Wintergoldhähnchen | Regulus regulus | Goldcrest

Phylloscopidae
Fitis | Phylloscopus trochilus | Willow Warbler
Zilpzalp | Phylloscopus collybita | Common Chiffchaff
Waldlaubsänger | Phylloscopus sibilatrix | Wood Warbler
Dunkellaubsänger | Phylloscopus fuscatus | Dusky Warbler
Gelbbrauen-Laubsänger | Phylloscopus inornatus | Yellow-browed Warbler
Wanderlaubsänger | Phylloscopus borealis | Arctic Warbler

Acrocephalidae
Buschspötter | Iduna caligata | Booted Warbler
Steppenspötter | Iduna rama | Sykes's Warbler
Blaßspötter | Iduna pallida | Eastern Olivaceous Warbler
Orpheusspötter | Hippolais polyglotta | Melodious Warbler
Gelbspötter | Hippolais icterina | Icterine Warbler
Schilfrohrsänger | Acrocephalus schoenobaenus | Sedge Warbler
Feldrohrsänger | Acrocephalus agricola | Paddyfield Warbler
Buschrohrsänger | Acrocephalus dumetorum | Blyth's Reed-Warbler
Sumpfrohrsänger | Acrocephalus palustris | Marsh Warbler
Teichrohrsänger | Acrocephalus scirpaceus | Eurasian Reed-Warbler

Locustellidae
Strichelschwirl | Locustella lanceolata | Lanceolated Warbler
Schlagschwirl | Locustella fluviatilis | Eurasian River Warbler
Feldschwirl | Locustella naevia | Common Grasshopper-Warbler

Sylviidae
Mönchsgrasmücke | Sylvia atricapilla | Eurasian Blackcap
Gartengrasmücke | Sylvia borin | Garden Warbler
Sperbergrasmücke | Sylvia nisoria | Barred Warbler
Klappergrasmücke | Sylvia curruca | Lesser Whitethroat
Weißbart-Grasmücke | Sylvia cantillans | Subalpine Warbler

| Dorngrasmücke | Sylvia communis | Greater Whitethroat |

Muscicapidae

Rußschnäpper	Muscicapa sibirica	Dark-sided Flycatcher
Grauschnäpper	Muscicapa striata	Spotted Flycatcher
Rotkehlchen	Erithacus rubecula	European Robin
Sprosser	Luscinia luscinia	Thrush Nightingale
Nachtigall	Luscinia megarhynchos	Common Nightingale
Blaukehlchen	Luscinia svecica	Bluethroat
Rubinkehlchen	Calliope calliope	Siberian Rubythroat
Zwergschnäpper	Ficedula parva	Red-breasted Flycatcher
Trauerschnäpper	Ficedula hypoleuca	European Pied Flycatcher
Gartenrotschwanz	Phoenicurus phoenicurus	Common Redstart
Hausrotschwanz	Phoenicurus ochruros	Black Redstart
Braunkehlchen	Saxicola rubetra	Whinchat
Schwarzkehlchen	Saxicola rubicola	European Stonechat
Siberisches Schwarzkehlchen	Saxicola maurus	Siberian Stonechat
Steinschmätzer	Oenanthe oenanthe	Northern Wheatear

Turdidae

Sibirische Erddrossel	Zoothera aurea	White's Thrush
Erddrossel	Zoothera dauma	Scaly Thrush
Grauwangendrossel	Catharus minimus	Gray-cheeked Thrush
Zwergdrossel	Catharus ustulatus	Swainson's Thrush
Einsiedlerdrossel	Catharus guttatus	Hermit Thrush
Walddrossel	Hylocichla mustelina	Wood Thrush
Ringdrossel	Turdus torquatus	Ring Ouzel
Amsel	Turdus merula	Eurasian Blackbird
Schwarzkehldrossel	Turdus atrogularis	Black-throated Thrush
Wacholderdrossel	Turdus pilaris	Fieldfare
Rotdrossel	Turdus iliacus	Redwing
Singdrossel	Turdus philomelos	Song Thrush
Misteldrossel	Turdus viscivorus	Mistle Thrush
Wanderdrossel	Turdus migratorius	American Robin
Halsbanddrossel	Ixoreus naevius	Varied Thrush

Sturnidae

| Star | Sturnus vulgaris | European Starling |
| Rosenstar | Pastor roseus | Rosy Starling |

Prunellidae

Heckenbraunelle	Prunella modularis	Dunnock

Motacillidae

Wiesenschafstelze	Motacilla flava	Western Yellow Wagtail
Zitronenstelze	Motacilla citreola	Citrine Wagtail
Gebirgsstelze	Motacilla cinerea	Gray Wagtail
Bachstelze	Motacilla alba	White Wagtail
Brachpieper	Anthus campestris	Tawny Pipit
Wiesenpieper	Anthus pratensis	Meadow Pipit
Baumpieper	Anthus trivialis	Tree Pipit
Waldpieper	Anthus hodgsoni	Olive-backed Pipit
Petschorapieper	Anthus gustavi	Pechora Pipit
Strandpieper	Anthus petrosus	Rock Pipit
Pazifikpieper	Anthus rubescens	American Pipit

Bombycillidae

Seidenschwanz	Bombycilla garrulus	Bohemian Waxwing
Zedernseidenschwanz	Bombycilla cedrorum	Cedar Waxwing

Calcariidae

Spornammer	Calcarius lapponicus	Lapland Longspur
Schneeammer	Plectrophenax nivalis	Snow Bunting

Parulidae

Kletterwaldsänger	Mniotilta varia	Black-and-white Warbler
Zitronenwaldsänger	Protonotaria citrea	Prothonotary Warbler
Grauenwaldsänger	Oreothlypis peregrina	Tennessee Warbler
Weidengelbkehlchen	Geothlypis trichas	Common Yellowthroat
Schnäpperwaldsänger	Setophaga ruticilla	American Redstart
Pappelwaldsänger	Setophaga cerulea	Cerulean Warbler
Meisenwaldsänger	Setophaga americana	Northern Parula
Magnolienwaldsänger	Setophaga magnolia	Magnolia Warbler
Fichtenwaldsänger	Setophaga fusca	Blackburnian Warbler
Goldwaldsänger	Setophaga petechia	Yellow Warbler
Streifenwaldsänger	Setophaga striata	Blackpoll Warbler
Blaurücken-Waldsänger	Setophaga caerulescens	Black-throated Blue Warbler
Palmenwaldsänger	Setophaga palmarum	Palm Warbler
Kronwaldsänger	Setophaga coronata	Yellow-rumped Warbler
Grünwaldsänger	Setophaga virens	Black-throated Green Warbler
Kanadawaldsänger	Cardellina canadensis	Canada Warbler

Emberizidae

Fuchsammer	Passerella iliaca	Fox Sparrow
Winterammer	Junco hyemalis	Dark-eyed Junco
Dachsammer	Zonotrichia leucophrys	White-crowned Sparrow
Weißkehlammer	Zonotrichia albicollis	White-throated Sparrow
Lincolnammer	Melospiza lincolnii	Lincoln's Sparrow
Goldammer	Emberiza citrinella	Yellowhammer
Fichtenammer	Emberiza leucocephalos	Pine Bunting
Ortolan	Emberiza hortulana	Ortolan Bunting
Zwergammer	Emberiza pusilla	Little Bunting
Waldammer	Emberiza rustica	Rustic Bunting
Weidenammer	Emberiza aureola	Yellow-breasted Bunting
Kappenammer	Emberiza melanocephala	Black-headed Bunting
Rohrammer	Emberiza schoeniclus	Reed Bunting

Cardinalidae

Scharlachtangare	Piranga olivacea	Scarlet Tanager
Rosenbrust-Kernknacker	Pheucticus ludovicianus	Rose-breasted Grosbeak
Indigofink	Passerina cyanea	Indigo Bunting

Icteridae

Brillenstärling	Xanthocephalus xanthocephalus	Yellow-headed Blackbird
Baltimoretrupial	Icterus galbula	Baltimore Oriole

Fringillidae

Buchfink	Fringilla coelebs	Common Chaffinch
Bergfink	Fringilla montifringilla	Brambling
Gimpel	Pyrrhula pyrrhula	Eurasian Bullfinch
Karmingimpel	Carpodacus erythrinus	Common Rosefinch
Grünfink	Chloris chloris	European Greenfinch
Kiefernkreuzschnabel	Loxia pytyopsittacus	Parrot Crossbill
Fichtenkreuzschnabel	Loxia curvirostra	Red Crossbill
Bindenkreuzschnabel	Loxia leucoptera	White-winged Crossbill
Taigabirkenzeisig	Acanthis flammea	Common Redpoll
Alpenbirkenzeisig	Acanthis cabaret	Lesser Redpoll
Polarbirkenzeisig	Acanthis hornemanni	Hoary Redpoll
Erlenzeisig	Spinus spinus	Eurasian Siskin
Stieglitz	Carduelis carduelis	European Goldfinch
Bluthänfling	Carduelis cannabina	Eurasian Linnet
Kernbeißer	Coccothraustes coccothraustes	Hawfinch

asseridae

aussperling	Passer domesticus	House Sparrow
Idsperling	Passer montanus	Eurasian Tree Sparrow

Quellen:

https://avibase.bsc-eoc.org/checklist
Alle Vögel der Welt - Die komplette Checkliste aller Arten und Unterarten (ISBN-13: 978-3-7347-4407-5)
American Ornithologists' Union. 1998 and supplements. Check-list of North American birds. 7th edition. Washington, D.C.: AOU. http://checklist.aou.org/[Species records]
Cornell Lab of Ornithology. 2011-2016. eBird. http://www.ebird.org/ [Species records]
del Hoyo, Josep (ed.), Elliott, A (ed.), Sargatal, J (ed.) (vol. 1?7), and Christie, DA (ed.) (vol. 8?16). 1992?2013. Handbook of the Birds of the World. Lynx Edicions. http://www.hbw.com/ [Species records, Synonyms]
Howard, Richard & Alick Moore (1991) A Complete Checklist of the Birds of the World. 360 p. [Species records]
http://ni.is/bliki/listar/1111.htm [Distribution]
http://www3.hi.is/~yannk/1111.htm [Distribution]
Peters, J. L. 1931-1987. Check-list of Birds of the World. 15 vols. + Index. Harvard Press. http://www.biodiversitylibrary.org/bibliography/14581 [Species records]
Sibagu: Bird Names in Oriental Languages. http://sibagu.com/ [Synonyms]
Tarsiger.com. Western Palearctic Bird News. http://www.tarsiger.com/news/index.php?sp=wp&lang=eng [Species records]

NOTIZEN

Weitere Bücher aus der fotolulu-Taschenbuchserie

Birds of Costa Rica

Birds of Argentinien

Birds of Südafrika

Birds of Madagaskar

Birds of Kuba

Birds of Sri Lanka

Birds of Iceland

Birds of Seychellen

Birds of Deutschland

Birds of Florida & Bahamas

Diese Bücher sind erhältlich bei BoD (Books on Demand):
https://www.bod.de